AF232369

PLAIDOYER

POUR LES DEUX FRERES,

JULES ET ARMAND

DE POLIGNAC,

Accusés de Conspiration.

PRONONCÉ

Devant la Cour de Justice Criminelle,
à Paris,

Séance du Dimanche 14 prairial an 12;

Par A. C. GUICHARD,

Avocat en la Cour de Cassation.

MESSIEURS,

J'AI à défendre, à mon tour, devant vous, les deux frères, *Jules* et *Armand DE POLIGNAC.*

A ce nom seul, quels souvenirs se présentent à ma pensée! et qu'ils m'offrent un étonnant contraste avec la condition présente de ces deux accusés!

Quoi! sont-ce donc là les rejetons de cette famille si long-tems célèbre par ses prospérités, par les dignités éclatantes dont la plupart de ses membres furent revêtus (1).

Jeunes infortunés! Vous, dont les ancêtres jouirent autrefois du plus beau privilége que les grands de la terre puissent exercer, *celui de faire grâce* (2); quoi! vous voilà vous-mêmes, ici, dans ce sanctuaire

---

(1) Les *Polignac* descendent de la maison patricienne des *Appollinaires*, qui tiraient leur nom du monument dont les restes se voyaient encore, avant la révolution, au vieux château de Polignac, près du *Puy-en-Velay* (MORÉRY).

(2) Lettres-patentes de François Ier. en 1533.

A

redoutable, assis sur le banc des accusés, et menacés des foudres de la justice !

Vous, qui, parmi vos auteurs, comptez surtout un des plus beaux génies du 17ᵉ siècle, qui, politique non moins habile que littérateur distingué, eut le mérite de préparer, avec succès, deux des plus mémorables événemens de ce règne brillant (1) ;

Vous-mêmes, qui, par le seul avantage de votre naissance, étiez appelés à jouir parmi nous des plus hautes distinctions, à couler, au sein de votre patrie, des jours fortunés et tranquilles ;

Comment se fait-il que vous vous trouviez ici, et dans une situation si déplorable?

O fortune ! voilà de tes coups ! voilà par quelles leçons tu apprends aux faibles humains à ne jamais s'énorgueillir de tes faveurs !

Jules et Armand de Polignac : vous êtes accusés d'un des plus graves délits, d'un délit capital !

Vous êtes accusés de conspiration contre la sureté de l'Etat ; vous êtes accusés d'avoir trempé dans un complot tendant à troubler la République par une guerre civile.

----

(1) L'élection du prince de Conti à la couronne de Pologne ; la paix d'Utrecht.

(3)

Et que voulez-vous que je dise pour votre défense ?

Les principaux faits sur lesquels on appuie cette
accusation, vous les avez avoués.

Vous avez confirmé, sans nul déguisement, une
partie des charges accumulées sur vous.

Oui, Messieurs, telle est la difficulté de ma propre
position dans cette affaire, telle est la difficulté de
mon ministère : que les accusés, que je suis chargé
de défendre, confessent une partie des faits qui leur
sont reprochés, et qu'ils ne veulent pas même que
je cherche à les en justifier.

Ainsi, on les accuse d'avoir été attachés à la personne des ci-dev. Princes français :

Ils l'avouent.

On les accuse d'être sortis de France avec eux,
d'avoir séjourné avec eux dans diverses contrées
étrangères :

Ils l'avouent.

· D'avoir désiré, espéré de les voir rétablis sur le
trône de leurs ancêtres :

Ils l'avouent encore.

Mais, on les accuse de plus, du moins indirecte-
ment, d'avoir eu le dessein d'attenter personnelle-
ment aux jours du Premier Consul, de le faire périr
par un lâche assassinat.

C'est ce qu'ils dénient, c'est ce qu'ils rejettent avec horreur.

On les accuse enfin d'être venus d'Angleterre en France, furtivement, sans autorisation légale, d'avoir séjourné clandestinement à Paris.

Ils en conviennent encore.

Mais on les accuse de plus de s'être associés à une troupe de brigands, de malfaiteurs, qui avaient pour but d'assassiner le Chef de l'Etat, et d'avoir partagé le même dessein.

C'est ce qu'ils ne peuvent supporter.

C'est ce qu'ils démontrent faux et même invraisemblable.

Avant toutes choses, Messieurs, daignez considérer les circonstances où se sont trouvés placés les deux frères Jules et Armand de Polignac, la fatalité cruelle qui semble s'être attachée à leurs personnes, dès leur plus tendre jeunesse ; les devoirs, les affections, les idées auxquelles ils se sont trouvés nécessairement asservis ;

Et ne jugez de leur conduite, de leurs affections, de leurs opinions, que comme en jugera l'impartiale histoire.

Armand de Polignac avait dix ans, *Jules* en avait sept, lorsqu'éclata cette terrible journée qui ébranla , jusques dans ses fondemens , le trône de la dynastie régnante depuis 800 ans; qui frappa d'épouvante et dispersa presque tous les membres de cette famille , ainsi que les personnes qui leur étaient attachées.

Les *Polignac*, on le sait, ne sortirent de France que pour se soustraire aux dangers les plus imminens.

Jules et Armand suivirent leurs parens en pays étranger.

Pouvaient-ils se dispenser de les suivre?

Ils se réfugièrent d'abord en Suisse ; de-là ils passèrent à Turin , puis à Rome , puis à Venise , puis à Vienne.

Là , dans cette dernière ville , ils firent une perte qui leur fut mille fois plus cruelle que celle de tous les avantages qu'ils avaient laissés en France.

Ils perdirent , presque subitement , la plus tendre des mères, la plus fidèle des amies.

Madame de Polignac , cette femme jugée si sévèrement dans des tems de bonheur , mourut la nuit même qui suivit le jour où elle apprit la fin tragique de son auguste bienfaitrice.

Touchée des malheurs de cette nombreuse et intéressante famille , l'Impératrice de Russie, *Catherine II*, fit proposer à M. de Polignac père, par M. le comte de *Potosky*, son ambassadeur à Vienne , de se retirer sur des terres qui lui seraient fournies en

Ukraine, province devenue célèbre dans l'histoire, depuis les batailles de *Charles XII* contre *Pierre-le-Grand*.

M. de Polignac accepta.

Vers le commencement de l'an 4, il se rendit, non sans beaucoup de fatigues, dans cette contrée lointaine et à demi-sauvage, avec toute sa famille, composée alors de ses deux fils ici présens, de sa *belle-fille*, l'épouse d'Armand, de madame *de Guiche*, sa propre fille, et d'un enfant en bas âge.

Cette colonie arrivée en *Ukraine*, on lui assigna une assez grande étendue de terrein, avec un village composé de quelques misérables cabanes de paysans esclaves, dans l'une desquelles la famille Polignac fut obligée de se loger provisoirement, manquant des meubles de première nécessité, et à peine à l'abri des injures de l'air.

L'empereur Paul Ier ayant succédé à Catherine, fut encore plus généreux que sa mère.

Il améliora le sort des Polignac ; il leur fit don d'une *Starostie* assez considérable en *Lithuanie*, partie de l'ancienne Pologne réunie à la Russie.

Ce don a été encore augmenté depuis par l'empereur Alexandre, actuellement régnant.

Transplantés dans ce nouvel établissement, au milieu des forêts, comme des naufragés jetés par l'orage sur une île déserte, les Polignac y attachèrent toutes leurs pensées, et perdirent si bien tout esprit de retour, que l'Empereur leur conféra des lettres de naturalisation.

C'est un fait bien connu du Ministre et des bu‑reaux des Relations extérieures.

Les Polignac passèrent environ quatre années, tous réunis dans cette solitude, privés de la plupart des commodités de la vie, et s'estimant néanmoins heu‑reux d'avoir enfin trouvé un asile où ils se croyaient à l'abri de nouvelles adversités.

Cependant, l'épouse d'Armand, *Idalie Niven‑heim*, née à *Batavia*, colonie hollandaise dans les Indes orientales, souffrait beaucoup de l'air froid et marécageux de ce pays. Sa santé en était singulière‑ment altérée. Celle de madame *de Guiche* était aussi très-affaiblie.

On leur conseilla, on les pressa d'aller aux eaux mi‑nérales de *Pyrmont*, en *Westphalie*, près de *Munster*.

Il fallait faire plus de 300 lieues.

Armand ne put se résoudre à laisser partir sa femme, pour un si long voyage, sans l'accompagner.

Jules accompagna sa sœur, madame *de Guiche*, qui menait avec elle sa fille, âgée de 12 à 13 ans.

C'était en l'an 10.

Arrivés à *Munster*, Armand Polignac et sa femme, Jules et sa sœur, madame de Guiche, y passèrent environ six mois.

Idalie Nivenheim, épouse d'Armand, appelée à recueillir une riche succession que les révolutions de son pays ont aussi fait évanouir, espérait en retrouver quelques débris en France. Elle y fut appelée par son père, qui y résidait depuis plusieurs années. Elle se détermina à y passer. Elle y vint seule.

La duchesse *Dewonshire*, parente et amie de madame de Guiche, la sollicitait depuis long-tems de venir la voir, de lui amener sa fille, qu'elle se chargeait de marier, et promettait de doter richement.

Madame de Guiche passa donc en Angleterre, et ses deux frères, Jules et Armand, l'y accompagnèrent.

Mère infortunée! elle était loin de pressentir quel sort affreux l'attendait en ce pays!

Un jour, par un tems froid, allant de Londres à Édimbourg, et arrêtée dans une auberge pour y prendre quelque nourriture, elle sort un moment de la chambre où elle avait fait allumer du feu, et y laisse sa fille seule. Elle est tout-à-coup rappelée par les cris déchirans de cette malheureuse enfant. Elle la trouve toute en feu. Elle est bientôt embrâsée elle-même, en voulant secourir sa fille. Ses frères, retenus dans la cour, accourant à leurs cris, les trouvèrent toutes deux se débattant contre les flammes qui les dévoraient; et, à peu de jours de-là, toutes deux périrent des suites de ce cruel événement!

(9)

Voilà *Jules* et *Armand* restés seuls en Angleterre.

On conçoit qu'ils ne purent se dispenser de voir le Prince français qui y faisait sa résidence, et qui, tant en France qu'en pays étranger, dans le tems de son élévation comme depuis sa décadence, avait toujours marqué à ces jeunes gens une affection paternelle.

Et pourquoi craindrais-je de le répéter ? Jules et Armand lui étaient attachés par les liens de la reconnaissance, les plus sacrés de tous !

Plus le destin lui était contraire, plus sa chûte était profonde, plus sa cause désespérée, et plus ils se croyaient obligés de redoubler envers lui de respect et d'attachement.

Dans aucun pays, les lois ne peuvent faire un crime d'un sentiment que la morale de tous les peuples a placé au rang des vertus.

Cependant, Jules et Armand songeaient à retourner près de leur père, qu'ils avaient laissé en Russie.

Déjà ils en avaient reçu plusieurs lettres.

Ce digne père les pressait de revenir. Eux-seuls pouvaient sécher les larmes qu'il ne cessait de répandre sur la mort de sa malheureuse fille, madame de Guiche.

Et maintenant, Messieurs, jugez de son désespoir, s'il connaît la situation de ses deux fils ici présens !

Armand ne voulait point partir sans emmener avec lui son épouse, qui était à Paris.

Il y a environ un an, avant la reprise des hostilités, il profita de la facilité des communications, pour venir la voir, un moment, dans une campagne voisine des côtes.

Les affaires qui avaient appelé en France *Idalie Nivenheim*, n'étaient point encore terminées. Il lui fallait encore quelques tems pour obtenir le recouvrement d'une créance de 40,000 livres, qu'elle poursuivait contre madame de *Grammont*. Elle poursuivait de plus la liquidation d'un intérêt dans l'ancienne Caisse d'escompte. (La vérité de ce fait est constaté par des pièces irrécusables).

Armand retourna donc en Angleterre, et se résigna à y rester encore quelques mois.

Mais, voici que de nouveaux bruits se répandent dans cette isle, où l'opinion est si souvent égarée par la licence des journaux.

On répand, on annonce qu'une nouvelle révolution est près de s'opérer en France ; qu'une disposition générale se manifeste de plus en plus dans tous les esprits, pour le retour au gouvernement monarchique ; que les républicains sont d'accord avec les royalistes, sur la nécessité de renoncer enfin aux malheureux essais démocratiques qui se sont succédés depuis le renversement du trône ; qu'on songe sérieusement à le relever ; et qu'il y a lieu de penser que les Bourbons touchent au moment d'être rétablis dans l'héritage de leurs pères.

On va même jusqu'à dire, jusqu'à supposer que les chefs du gouvernement existant, que les premières autorités, sont disposés à seconder cette tendance générale des esprits.

C'est au milieu de ces circonstances décevantes, qu'on propose à *Armand de Polignac* de passer en France, pour observer l'état des choses.

Il n'y était déjà que trop attiré par le désir de revoir une épouse adorée, modèle de grâces et de vertus, dont il ne supportait la séparation qu'avec la plus vive impatience.

Il consent donc à s'embarquer sur le premier bâtiment qui lui est indiqué ; et comme, alors, les deux gouvernemens étaient en guerre, il ne voit rien que de naturel dans les précautions qui sont prises par le capitaine, pour débarquer secrètement ses passagers sur la côte.

Des précautions devaient être également prises pour arriver secrètement à Paris. Ce secret n'avait d'autre motif que d'éviter l'arrestation à laquelle Armand se sentait exposé, en sa qualité d'étranger, de membre d'une famille proscrite.

Il en fut de même de *Jules* de Polignac.

Environ un mois après, impatient de rejoindre son frère, il passa également en France.

Au surplus, arrivés à Paris, que voyent les Polignac ? Qu'observent-ils ?

Ils voyent bien une disposition unanime, un vœu général pour le retour au gouvernement monarchique, au gouvernement héréditaire dans les mains d'un seul.

Mais ils ne tardent pas à se convaincre que toutes les idées, toutes les espérances se portent vers l'homme extraordinaire, qui, commandant à la fortune même, a vaincu tous les obstacles, et qui, du rang de simple citoyen, s'est élevé, par le seul ascendant de son génie, au-dessus de tous les potentats de son siècle !

Alors, leurs yeux se dessillent ; alors, toutes les illusions, dont on les avait bercés, s'évanouissent. Ils reconnaissent qu'ils ont été trompés ; et toutes leurs pensées se reportent vers la Russie.

Ils pressent leur départ. Ils sont malheureusement retardés par divers incidens inutiles à raconter.

Tout à coup ils entendent parler d'un projet d'assassinat contre le Premier Consul. Ce projet est imputé à des émissaires nouvellement débarqués d'Angleterre. Ils craignent que les soupçons ne tombent sur eux-mêmes. Ils veulent fuir ; mais toutes les issues sont fermées. Ils se cachent ; ils sont arrêtés.

Voilà, Messieurs, l'historique abrégé de toute la vie des deux accusés, Jules et Armand de Polignac, depuis leur sortie de France.

Voilà la confession sincère de tous leurs crimes, ou plutôt de leurs malheurs.

En vous répétant tous leurs aveux, il est vrai, j'ai cru parler, moins à des ministres d'une justice inexorable, qu'à des hommes qui n'ont pas fermé leurs cœurs aux émotions de la sensibilité, et aux gémissemens de l'infortune.

———

Maintenant, je vais reprendre et discuter séparément la série des différens griefs qui s'appliquent à chacun de ces deux accusés, dans l'acte d'accusation.

Commençons par ARMAND.

PREMIER CHEF.

« *Il n'a pu dissimuler son attachement aux ci-devant Princes français, et notamment au ci-devant Comte d'Artois* ».

Rep. Il n'a jamais cherché à dissimuler cet attachement. Il n'a jamais dû craindre qu'en aucun tribunal, on lui fît un crime d'un sentiment louable, au moins très-excusable dans celui qui l'éprouvait. Et je croirais moi-même offenser la Cour, si je m'arrêtais plus long-tems à réfuter ce premier chef d'accusation.

Deuxième Chef.

« *Il est venu en France, une première fois, il il y a environ un an* ».

Rép. On ne connaît ce fait que par son propre aveu.

Il est venu voir un moment son épouse. Il n'est resté que peu de jours en France. Il s'est en allé de lui-même, sans avoir été arrêté, sans avoir donné lieu à aucune plainte. Cela ne peut devenir aujourd'hui la matière d'une accusation.

Troisième Chef.

« *Il a fait partie du deuxième débarquement* ».

Rép. Il ignore s'il y en avait eu un premier.

Quatrième Chef.

» *Il a vu Georges à Paris. Il a même logé avec lui, dans deux endroits différens* ».

Rép. Il n'a jamais logé avec Georges. Il a pu loger dans des endroits où Georges avait logé avant lui.

Et que conclure de-là ?

Il savait bien qu'il n'était pas sans danger à Paris.
Il ne se dissimulait pas que sa présence pourrait dé-
plaire à la police. Il avait peur d'être arrêté. Il était
donc obligé de prendre des précautions.

Il n'était pas libre de se loger où et comme il aurait pu lui convenir, pour sa plus grande commo-
dité.

Il ne voulut pas loger chez les parens qui avaient
accueilli son épouse, dans la crainte de les compro-
mettre.

Il y a plus, dans la crainte de les inquiéter, il
s'abstint même de venir voir sa femme, dans la
maison où elle était.

Il ne la vit qu'en secret, à leur insu ; il ne lui donna
d'autre motif de son arrivée, que le desir de la revoir, de passer quelques jours à Paris, de l'emmener ensuite avec lui en Russie, près de son père.

C'est un fait que le mari et l'épouse, arrêtés en
même tems, et mis au secret le plus rigoureux, se
sont accordés à attester uniformément.

Cinquième Chef.

« *Toujours est-il , qu'Armand est convenu
avoir vu Georges deux ou trois fois , et lui avoir
parlé* ».

Rép. Cela est vrai ; et Armand croyait si peu qu'il

eût mal fait, en voyant Georges, qu'il en a fait l'aveu de son propre mouvement , à la première question qui lui en a été faite.

Pourquoi cela ?

Parce qu'Armand ne connaissait Georges que sous les rapports dont on en parlait en Angleterre ; c'est-à-dire d'un homme plein de bravoure , de dévouement à la cause des Bourbons , mais incapable d'aucune action infame , incapable de brigandage et d'assassinat.

Sixième Chef.

« *Mais il savait que Georges était en France pour conspirer contre le Gouvernement établi.*

Il a dit qu'il savait que Georges et les siens étaient en France , d'après les ordres du Comte d'Artois.

Donc , il connaissait les projets de Georges.
Donc il était son complice ».

Rep. Il a très-bien pu savoir que Georges était en France par les ordres du ci-devant Comte d'Artois, sans pour cela avoir été complice des desseins que Georges pouvait se proposer.

En général, il savait bien que Georges avait été le dernier défenseur de la cause des Bourbons, qu'il avait fait la guerre en France, pour le soutien de cette cause.

Mais

Mais il ne savait pas comment il l'avait faite.

L'ayant vu en Angleterre, quelquefois chez le Comte d'Artois, ayant su qu'il était reparti pour la France, après avoir eu des conférences avec ce prince, il dut naturellement penser qu'il était parti *d'après les ordres du Comte d'Artois.*

Tous les jours on peut savoir que quelqu'un est à Paris par les ordres d'un autre, sans savoir pour cela quelle est la nature de ces ordres.

Au surplus, Armand n'a jamais cessé de dire, et ne peut que répéter, que jamais il ne soupçonna et ne put soupçonner que la mission, que les ordres de Georges s'étendissent à un assassinat contre le Premier Consul, à un attentat aussi lâche que criminel chez toutes les nations ; à une action incompatible avec les principes que doit professer tout homme d'honneur, même au milieu des dissentions politiques.

Et ce qui démontre clairement qu'Armand ne peut avoir eu le moindre soupçon que Georges eût le dessein, encore moins la mission, d'effectuer un assassinat sur la personne du Premier Consul, c'est ce qu'il a ajouté dans le même interrogatoire:

» Que *d'après les ordres du comte d'Artois, Georges ne devait rien entreprendre, avant que ce prince fût arrivé.*

La même déclaration a été faite par Georges et plusieurs autres.

B

Ainsi, tant que le comte d'Artois ne serait pas arrivé, rien ne devait être entrepris.

Septième Chef.

» *Mais, dans un second interrogatoire, Armand expliquant ce qu'il savait des intentions du comte d'Artois*, a dit :

» *Que son plan était de faire proposer au Premier Consul, de lui remettre les rênes du Gouvernement; que si le Premier Consul eût rejeté cette proposition, il était décidé à engager une* action *de vive-force, pour tâcher de reconquérir les droits appartenans à sa famille* ».

Rép. Eh bien! voilà qui achève d'écarter toute idée de projet ou de complicité d'assassinat, de la part d'Armand de Polignac.

En effet, d'après ce qu'il savait des intentions, des ordres du comte d'Artois,

1°. Rien ne devait être entrepris *avant l'arrivée de ce prince*;

2°. Au cas qu'il arrivât, une *négociation* devait être entamée avec le Premier Consul : un arrangement conciliatoire devait lui être proposé;

5°. Au cas seulement que le Premier Consul se refusât à tout accommodement, une action de vive-force devait être tentée;

Donc, jamais, depuis l'instant où Armand est entré en France, jusqu'à celui où il a été arrêté, la seule idée, la seule pensée d'un assassinat n'a pu se présenter à son esprit.

HUITIÈME CHEF.

» *Mais enfin, a-t-on dit, il résulte au moins des aveux d'Armand, que si le comte d'Artois fût arrivé, et qu'il eût engagé une action de vive-force, Armand aurait été se ranger sous ses bannières, et qu'il aurait ainsi contribué à rallumer la guerre civile en France* ».

Rép. Mais, d'abord, ce ne serait là qu'une disposition de l'ame, purement *hypothétique*.

Et de cette disposition hypothétique, à l'événement ; de cette simple pensée conditionnelle, à l'exécution même, certes, il y a une grande distance.

De ce que je conviendrai aujourd'hui, que si tel événement arrivait demain, dans un mois, dans un an, alors je ferais telle ou telle chose ; s'ensuit-il que déjà je dois être réputé avoir fait cette chose même, et être traité comme l'ayant effectuée ?

Tant de circonstances, tant d'incidens intermédiaires peuvent changer mon intention, ou la paralyser !

A combien de changemens, de variations, nos intentions, nos opinions ne sont-elles pas sujettes, en révolution surtout !

J'écarte toutes les allusions que je pourrais faire ici.

Dans les tems de révolution, ce ne sont pas les opinions, les sentimens, les seules intentions qu'il faut s'empresser de condamner, mais les actions seulement, mais les faits matériels, quand ils sont vraiment des crimes, au moment où ils sont commis.

On peut être complice d'un crime *existant*; mais on n'est pas complice d'un crime *éventuel, futur, conditionnel*.

Vous pouvez, Magistrats, juger le *passé* et le *présent*; mais non pas l'*avenir*.

Vous ne pouvez pas appuyer un jugement sur des faits qui n'existent pas encore, ni sur des circonstances qui, probablement, ne se seraient jamais présentées.

Et en effet, quelle apparence, quelle vraisemblance, que le comte d'Artois se serait exposé à venir en France? Car n'oublions pas qu'il ne devait arriver qu'autant que les circonstances lui eussent été favorables.

Et certes, nous étions loin d'en être à ce point !

Mais supposons néanmoins qu'il aurait eu la folle témérité de se présenter.

N'aurait-il pas été aussitôt écrasé, lui et tout son parti, par la force toute - puissante du Premier Consul ?

Par conséquent, pas la plus petite étincelle de guerre civile.

A supposer donc qu'Armand aurait eu la pensée, l'intention de se réunir au comte d'Artois s'il se fût présenté en France, de se joindre à son parti, et de combattre pour sa cause : vous ne pourriez , Magistrats, en ce moment, le condamner comme coupable d'un délit qui n'était que dans le futur, dont l'exécution était subordonnée à des circonstances invraisemblables, à un ordre de choses impossibles.

Car, je le répète, vous ne pouvez juger que sur des faits, et non sur des *suppositions*.

Vous ne pouvez non plus considérer Armand comme complice d'aucun *complot* formé et arrêté.

Car rien ne prouve qu'il ait fait partie d'un complot véritablement formé, déterminément arrêté, où il eût un rôle adopté.

Il n'existe, en effet, rien de positif contre Armand, que le fait de son voyage en France, et ses aveux.

Tout ce qu'on veut y ajouter, n'est fondé que sur des conjectures, des présomptions ; mais quand il s'agit de prononcer sur la vie des hommes, tout juge pénétré de ses devoirs, doit se défier de ses présomptions ; il ne doit pas s'abandonner au hasard des conjectures ; et, dans le doute, il doit frémir de prononcer une sentence dont les conséquences seraient irréparables.

Je passe maintenant à l'accusé Jules *de Polignac.* Que lui reproche-t-on ? Quels griefs lui sont imputés ?

PREMIER GRIEF.

« *Il fut attaché aux princes français.* »

Rép. Je ne répondrai plus à ce grief.

DEUXIÈME GRIEF.

« *Il était en Angleterre avec son frère.* »

Rép. On sait à quelle occasion il y est venu.

TROISIÈME GRIEF.

« *Il a passé en France sur un navire* anglais. » *Il a fait partie d'un troisième débarquement clandestin.* »

Rép. Il venait en France pour rejoindre son frère, et retourner avec lui en Russie.

C'était depuis le renouvellement des hostilités avec l'Angleterre. Il n'était pas libre de choisir le bâtiment. Il s'est embarqué sur le premier qui a bien voulu le recevoir.

QUATRIÈME GRIEF.

« *Son frère Armand est venu au-devant de lui.* »

Rép. Parce qu'il l'avait fait prévenir de son arrivée, et que tous deux étaient également empressés de se revoir.

CINQUIÈME GRIEF.

« *Il s'est arrêté dans divers lieux marqués pour servir de stations aux brigands.* »

Rép. Cela n'est nullement prouvé. Il n'a été reconnu d'aucun habitant de ces lieux. Quant à lui, il ne connaît pas les endroits où il s'est arrêté. Il suivait son frère. Il était sorti de France à l'âge de sept ans.

SIXIÈME GRIEF.

« *Il a vu à Paris les chefs de brigands, Georges,*

Pichegru et autres. Il a logé avec son frère dans les mêmes lieux où avaient logé Joyau, Burban, etc. »

Rép. Il n'a fait que rencontrer accidentellement Georges et Pichegru. Il ne connaissait véritablement que son frère et M. de Rivière. Il n'a été reconnu d'aucun autre.

Il n'a logé qu'avec son frère et M. de Rivière, dans les lieux où on le conduisait.

SEPTIÈME GRIEF.

« Il est convenu avoir entendu parler en Angleterre, d'un prochain changement de gouvernement en France.

Rép. Toutes les gazettes anglaises ne cessaient d'en parler.

HUITIÉME GRIEF.

« Il est convenu, de plus, en avoir entendu parler chez le comte d'Artois. »

Rép. Cela est tout simple. Mais il a ajouté qu'il n'en avait entendu parler que *vaguement, sans aucun détail.* Certes, ce n'est pas à un jeune homme de cet âge, que l'on aurait confié un plan de contre-révolution.

NEUVIÈME GRIEF.

» *Il est convenu qu'ayant un jour rencontré Georges, ils avaient parlé ensemble de la manière dont on pourrait rappeler le roi.*

Rép. Il n'était donc question, dans l'intention de Jules, que des moyens de faire rappeler le roi, mais non pas d'assassiner personne.

DIXIÈME GRIEF.

« *Qu'il lui avait demandé (à Georges) quelle était leur position, et qu'il lui avait répondu qu'elle était toujours bonne* »

Rép. Jules entendait parler de la position de lui et son frère. Tous deux savaient qu'ils étaient sans permission en France, qu'ils couraient des dangers, tant que les choses ne changeraient point.

On l'avait flatté de l'espoir que le Gouvernement monarchique serait incessamment rétabli ; que peut-être ce changement amènerait une amélioration dans leur sort.

Il demande donc : quelle est notre position ? Pouvons-nous espérer qu'elle deviendra meilleure ?

ONZIÈME GRIEF.

« *Enfin, on lui objecte d'avoir avoué, qu'ayant entendu dire qu'il était question d'agir contre un seul individu, et que ce qu'on désirait faire ne lui paraissant pas, à lui et à son frère, aussi noble qu'ils devaient naturellement l'espérer, ils avaient parlé, il y a environ quinze jours, de se retirer.* »

Il vous a donné, Messieurs, de cette ouverture, une explication aussi franche qu'honorable, pour lui et son frère.

Depuis plus de quinze jours ils avaient arrêté de quitter la France, et de repartir pour la Russie ; ils avaient toujours été retardés par divers incidens, et notamment par les affaires de famille que l'épouse d'Armand n'avait point encore terminées.

Tout-à-coup le bruit se répand dans Paris, qu'il existe un projet d'assassinat contre le Premier Consul.

On se rappelle qu'un article semi - officiel fut publié à ce sujet dans le Moniteur, dès le commencement de pluviose.

On y désignait, comme auteurs de cet infame projet, des émissaires de Londres, d'indignes réfugiés français, débarqués depuis quelques mois sur les côtes de France.

Jules et Armand frémirent à la seule idée de se trouver compromis dans une imputation aussi flétrissante. Ils se parlent. Ils regrettent de n'être pas encore partis. Ils prennent de nouveau la résolution de s'éloigner au plus vîte.

Mais il n'est plus tems. Les arrestations commencent. Les barrières sont fermées. Vous connaissez le reste.

Ainsi, quant à *Jules Polignac*, qu'y a-t-il de constant, de positif ?

Rien de plus encore que le fait de son passage en France, de son arrivée à Paris, de son séjour pendant environ un mois.

Il n'a vu, il n'a fréquenté que son frère pendant ce court séjour. Il a été étranger à tous les autres accusés ; sauf M. *de Rivière*, chez lequel il s'est réfugié après l'arrestation de son frère. Il n'a eu aucune relation avec ceux accusés de projet d'assassinat, de brigandages antérieurs. Aucun d'eux ne l'a reconnu, ne l'a inculpé.

Quant à ses aveux, ils ne signifient rien autre chose, si ce n'est qu'il avait entendu vaguement parler à Londres d'un prochain changement dans le système du gouvernement français.

Et quand on réfléchit que Jules est sorti de France à l'âge de sept ans, qu'il n'y est pas rentré une seule fois depuis, si ce n'est en janvier dernier, et à l'âge de vingt-un an ;

Qu'il a été totalement étranger à tout ce qui s'est passé, depuis 1789, en France ; qu'il n'avait aucune connaissance de ses lois, de son régime intérieur ; qu'il n'a pu prendre à cet égard que les fausses idées qui ont pu lui être suggérées par ceux qui ont environné sa jeunesse ;

On ne peut s'étonner que d'une chose : c'est de voir ce jeune infortuné impliqué dans ce procès, et assis au rang des accusés.

(L'Orateur parcourt et réfute encore plusieurs autres chefs d'accusation).

Au total, et en dernière analyse, que reste-t i contre les deux frères Polignac ?

Que peut-on leur reprocher ?

Rien autre chose que la contravention d'être venus en France sans permission, sans autorisation ; d'avoir fait à Paris, pendant un mois ou deux, une résidence clandestine.

D'avoir eu le malheur, par suite de la fatalité qui les a poursuivis depuis leur enfance, de rencontrer accidentellement quelques personnes dont la conduite antérieure était de nature à réveiller les inquiétudes du Gouvernement.

On ne peut nier, sans doute, qu'ils ont eu jusqu'ici des opinions, des affections, des espérances contraires à celles qui doivent maintenant réunir tous les Français.

Mais, chez les Polignac, ces opinions étaient les conséquences forcées, le résultat inévitable de leur naissance, de leur éducation, de leur condition.

Naissance, condition qui ne fut pas de leur choix, de leur volonté; mais l'effet du hasard, de cette destinée aveugle, incompréhensible, sous l'influence de laquelle chacun reçoit le jour.

Des *vœux*! — Eh! comment interdire à l'homme d'en former pour l'amélioration de son sort?

Des *espérances*! — Eh! n'est-ce pas le dernier sentiment qui s'éteigne dans le cœur de l'homme ?

Au comble du désespoir même, le malheureux espère toujours.

Du reste, nul projet formé, par les Polignac, contre la sureté de l'Etat.

Nulle intention hostile contre la personne de son premier magistrat, ni d'aucun autre.

Nulle participation à un complot tendant à exciter la guerre civile.

Cependant, Magistrats, je ne puis me le dissimuler, il n'en faudrait peut - être pas davantage, que ces opinions, ces désirs, ces espérances, dont je viens de parler, pour que les Polignac vous parussent criminels.

Et, ici, je ne puis que gémir avec vous, sur le malheur des *révolutions*.

Les Révolutions s'avancent dans les ténèbres.

Elles sèment partout l'erreur sur leurs pas.

Elles ont des mains de fer, et des pieds d'airain.

Elles écrasent tout ce qu'elles rencontrent.

Elles brisent toutes les volontés.

Aucun homme ne reste maître de sa destinée. Personne n'est libre de suivre son penchant.

Les citoyens sont alors comme les vagues de la mer, qu'emporte à son gré la tempête.

Les puissans tombent, sans pouvoir choisir le lieu de leur chûte.

Les sages même sont égarés, sans pouvoir choisir leur erreur.

Eh ! quand l'expérience elle-même, quand la maturité de l'âge et de la raison s'est égarée, qui oserait s'élever contre les erreurs de la jeunesse ?

Qui ne pardonnerait, surtout, à ceux qui ont suivi le parti vaincu, lorsque ce parti ne peut plus donner un véritable sujet d'alarmes !

Hélas ! qui ne se souvient de cette époque désastreuse, où les citoyens divisés, éperdus, ne savaient plus où était la patrie !

Les uns la cherchaient dans leurs préjugés ; les autres dans leurs affections et dans leurs souvenirs.

Que pouvaient faire de faibles *enfans* (car ils l'étaient alors), si ce n'est de regarder autour de leur berceau, et de chercher la patrie dans le sein de leur famille !

Quand les tables de la loi furent brisées, que purent-ils faire autre chose, que d'écouter la voix d'un père, et de céder à l'autorité de la nature !

Nés aux pieds du trône, ensevelis sous ses ruines, leur tort est de n'avoir point oublié les bienfaits qu'ils avaient reçus, et d'avoir cru que l'honneur était dans la reconnaissance.

A l'aspect de tant de revers, souffrez, Messieurs, que j'arrête un moment ma pensée sur la fragilité des grandeurs humaines.

Une dynastie puissante a été renversée.

Une autre s'élève.

Quand elle aura fait, pendant plusieurs siècles, le bonheur de la France, qui sait si la fortune, qui se plaît à se jouer de la félicité des peuples, ne fera pas sortir un autre nom de son urne fatale !

O Dieu protecteur de cet empire ! veillez alors sur le sort de la patrie ! et puissent les héritiers de tant de gloire, dans leur infortune, ne pas trouver d'ingrats parmi ceux qu'ils auront comblés de bienfaits ! . . . .

Mais écartons ces idées qui ne sont que de vaines hypothèses.

Nos troubles politiques sont appaisés. C'est à la justice, à la modération, à les faire oublier ; et c'est vous, Messieurs, que les lois ont chargés spécialement de cet emploi glorieux de la puissance.

La Postérité vous en demandera compte.

Aujourd'hui, elle paraît en suppliante devant vous. Dans quelques années, dans quelques jours, elle sera un tribunal suprême qui jugera les accusés et les juges.

Si quelque chose peut effacer la douleur profonde qu'inspire l'histoire des révolutions, c'est le tableau consolant des vertus qui viennent réparer les maux que les révolutions ont causés.

La haine, la vengeance, l'ambition président aux troubles politiques.

L'humanité, la générosité, la clémence, sont comme des divinités protectrices, qui, après l'orage, viennent rassurer les peuples, et consoler la terre.

Ces vertus ne donnent pas seulement la gloire à ceux qui les exercent, mais elles tournent au profit de l'autorité.

Les lois interprêtées par une justice paternelle, deviennent plus populaires, et l'obéissance a sa source dans l'amour des citoyens.

Cœsar, en pardonnant aux enfans de Pompée, au fils de Caton, à Marcellus, à Ligarius, s'acquit plus de gloire, que par ses victoires et ses conquêtes.

Auguste, en pardonnant aux partisans de Lépide et d'Antoine, à Cinna sur-tout, acheva de se con-

cilier l'affection des Romains. Il en devint les dé-
lices; et nulle conspiration ne troubla plus la paix
de son glorieux règne.

Quand les fureurs de la Ligue furent amorties,
Henri IV dût plus à sa modération, qu'il n'avait
dû à ses armes.

Interprètes des sentimens du héros qui préside
aujourd'hui aux destinées de la France ; puissent,
votre modération, votre clémence, être citées aussi
un jour dans l'histoire, et servir d'autorité à ceux
qui invoqueront à leur tour, comme moi, les droits
de l'innocence et du malheur !

Je vous ai parlé de *clémence*, Messieurs, et je
semble oublier que je parle, non à un père, mais
à des juges, aux organes de la loi.

Oui, Messieurs, vous êtes les organes de la loi.

Mais l'esprit de cette loi, dont vous êtes les inter-
prêtes, ne doit-il pas être en harmonie avec cette
forme antique de gouvernement, dont la modération est le principe conservateur ?

Pouvez-vous vous écarter de l'esprit des institu-
tions qui viennent d'être rendues au Peuple français ?

On a dit, avec raison, que, dans les gouvernemens monarchiques, les chefs étaient les représen-
tans de Dieu même sur la terre.

Ah ! c'est, sans doute, à cause de la bonté qu'ils
doivent montrer, dans l'exercice du pouvoir !

C

Oui, c'est sur-tout par la *clémence*, qu'ils représentent la Divinité.

Et, de même que les ministres d'un Dieu juste et bon doivent donner l'exemple de là douceur, pour faire bénir sa loi ; ainsi, les hommes que le Chef de l'Etat appelle aux fonctions publiques, doivent partager ses sentimens d'indulgence et de bonté, pour faire bénir son empire.

Magistrats ! vous êtes chargés d'effrayer le crime, par la terreur des vengeances de la justice ; mais vous êtes aussi chargés d'essuyer les larmes de l'innocence malheureuse.

Quelques - unes des plaies de la patrie saignent encore.

Le lieu où nous sommes est encore rempli de douloureux souvenirs.

Les cachots qui nous environnent, répètent encore les plaintes des vertus qui y restèrent si long-tems captives. Et, non loin d'ici, est l'arc funèbre par lequel sont sorties tant de victimes !

On reconnaît aujourd'hui, on avoue hautement l'injustice du sort qu'elles éprouvèrent ; mais leur sort est irréparable.

Eh quoi ! en ce moment même, ne vous semble-t-il pas voir leurs ombres plaintives se presser autour de vous, et vous dire :

« Nous sommes morts pour la monarchie; *et la mo-*

» *narchie vient d'être proclamée !* — Ah, du moins,
» que notre sang soit le dernier répandu pour cette
» cause ! — Que notre trépas rachète quelques er-
» reurs. Nos larmes ont enfin appaisé le Dieu des
» vengeances. Venez, sur nos tombeaux, élever un
» autel à la compassion ! et que l'abîme de la révo-
» lution soit à jamais refermé sur nous » ! ».

Sans doute, Messieurs, vous vous dites en vous-
mêmes : « Si nous avions eu à prononcer sur leur sort;
ils seraient encore parmi nous ».

Ah ! ce que votre justice courageuse aurait fait
alors, vous le ferez sans doute, aujourd'hui, pour les
infortunés, à la défense desquels j'ai consacré mes
faibles moyens, dont les malheurs, dont la candeur,
la résignation, mille qualités touchantes, ont pénétré
mon cœur du plus tendre intérêt.

Trop jeunes pour être immolés aux premières fureurs du génie révolutionnaire, n'auront-ils donc
échappé à tous les désastres que nous avons parcou-
rus, que pour périr plus misérablement encore, sous
le règne de l'ordre, et dans des jours de prospérité?

Toutefois, ce n'est pas qu'ils redoutent d'arriver,
si jeunes, au terme d'une vie, dont presque tous les
instans n'ont été qu'un enchaînement d'adversités et
d'afflictions.

La mort ne serait pour eux que le terme des dou-
leurs ; et ils m'ont chargé de défendre leur mé-
moire plus encore que leurs jours.

Si je vous demande donc, Messieurs, de leur conserver l'existence, c'est moins en leur nom, qu'au nom de l'Humanité même, au nom de tous les malheurs qu'ils ont soufferts, et par lesquels ils ont si cruellement expié le tort d'être nés au sein des vaines grandeurs de ce monde.

Je vous la demande surtout, leur conservation, au nom des vertus de cette épouse mourante, de cette sœur désolée, qui chaque jour vient mouiller de ses pleurs les marches de votre tribunal, et qui, s'imputant à elle-même d'être la principale cause de la situation présente de son mari, de son frère, en les attirant, à son insu, parmi nous, est résolue à partager leurs destinées.

J'ose même vous la demander, avec une ardente confiance, au nom du Chef suprême qui vient de sceller un pacte éternel avec le Peuple français, qui déjà s'est montré sensible à leur infortune, et qui a pris l'engagement solemnel d'arrêter les sanglantes tragédies de la révolution.

Je vous la demande enfin, au nom de ces Fêtes publiques qui bientôt vont être célébrées, et qui ne doivent l'être qu'au milieu des transports d'une joie universelle !

G U I C H A R D, *Défenseur.*

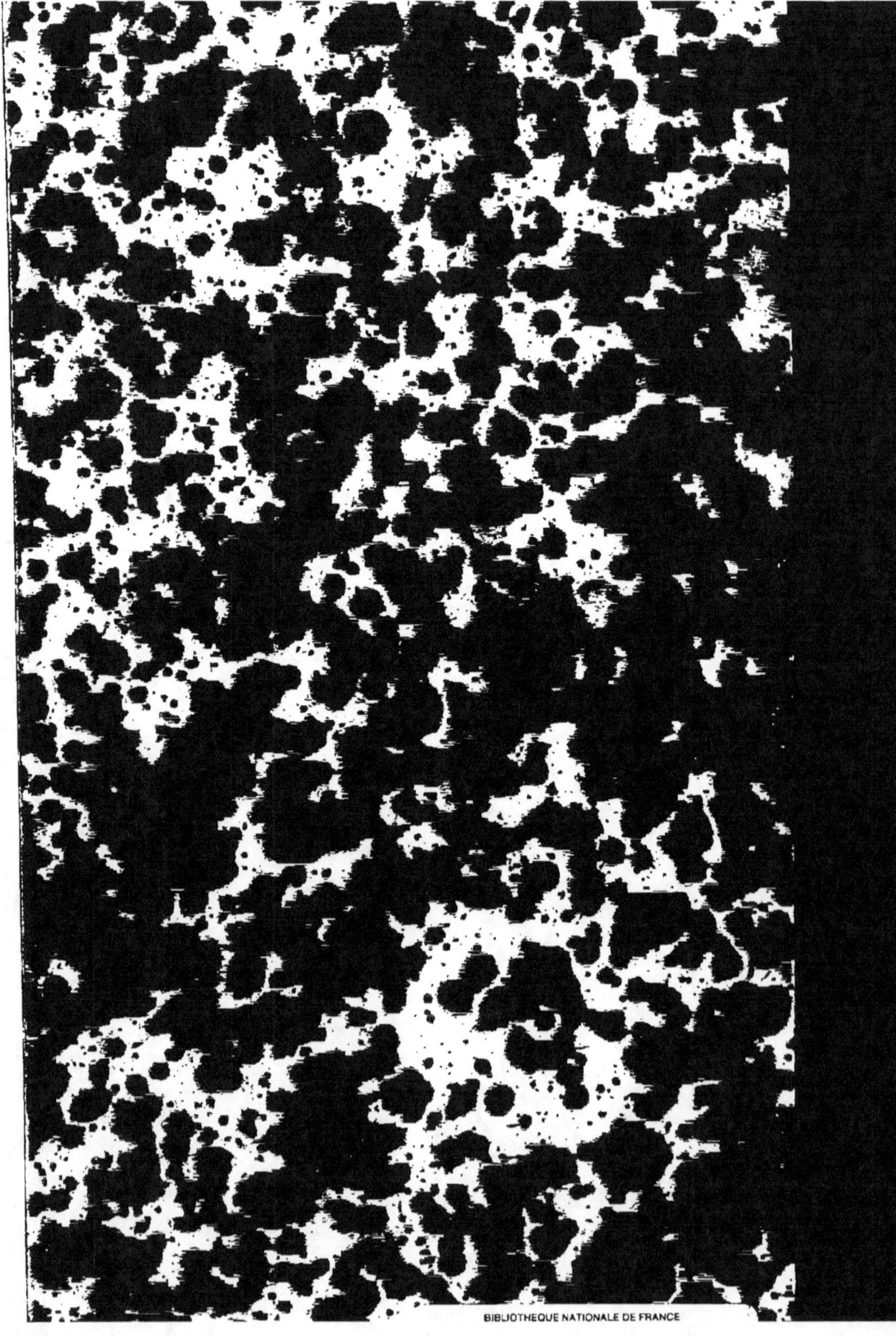